幼兒**品德發展**系列

愛惜身體

麗絲·連濃 著

米高·巴克斯頓 繪

新雅文化事業有限公司
www.sunya.com.hk

幼兒品德發展系列
愛惜身體

作　　者：麗絲・連濃 (Liz Lennon)
插　　畫：米高・巴克斯頓 (Michael Buxton)
翻　　譯：何思維
責任編輯：劉紀均
美術設計：劉麗萍
出　　版：新雅文化事業有限公司
　　　　　香港英皇道499號北角工業大廈18樓
　　　　　電話：(852) 2138 7998
　　　　　傳真：(852) 2597 4003
　　　　　網址：http://www.sunya.com.hk
　　　　　電郵：marketing@sunya.com.hk
發　　行：香港聯合書刊物流有限公司
　　　　　香港荃灣德士古道220-248號荃灣工業中心16樓
　　　　　電話：(852) 2150 2100
　　　　　傳真：(852) 2407 3062
　　　　　電郵：info@suplogistics.com.hk
印　　刷：中華商務彩色印刷有限公司
　　　　　香港新界大埔汀麗路36號
版　　次：二〇二一年四月初版

ISBN: 978-962-08-7729-2
Original Title: *I Care About My Body*
First published in Great Britain in 2020 by The Watts Publishing Group
Text and illustrations © The Watts Publishing Group, 2020
Franklin Watts, an imprint of Hachette Children's Group
Part of The Watts Publishing Group
Carmelite House
50 Victoria Embankment
London EC4Y 0DZ
An Hachette UK Company
www.hachette.co.uk
www.franklinwatts.co.uk

Traditional Chinese Edition © 2021 by Sun Ya Publications (HK) Ltd.
18/F, North Point Industrial Building, 499 King's Road, Hong Kong
Published in Hong Kong, China
Printed in China

目錄

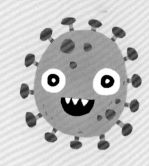

奇妙的身體

　　你的身體很奇妙，身體的不同部分各有本領！骨骼和肌肉令你能夠走動；心臟、肺部等器官幫助你呼吸；在顱骨下的大腦讓你可以思考，也控制着你身體的各個部分。

　　你可以利用身體做很多事情。你可以閱讀這本圖書，也可以開心地玩遊戲。雖然你的身體本來就很厲害，但還是需要你好好照顧它。你會在這本書中學會照顧自己身體的方法。

我該吃什麼？

食物對你的身體發揮着不同的作用。有些食物會為身體補充燃料，使你充滿力量；有些食物會保持你的牙齒和骨骼健康，或是助你抵抗病菌。

進食不同種類的食物，就是幫助你保持身體健康的有效方法。

你還要留意身體發出的訊號啊！肚子餓了便要進食，吃飽了便要停下來。

我該喝什麼？

你知道你的身體有一半以上都是水分嗎？你的身體需要大量水分來維持運作。雖然你吃的食物為你補充了部分水分，但是你每天還是要多喝水，才能保持身體健康啊！

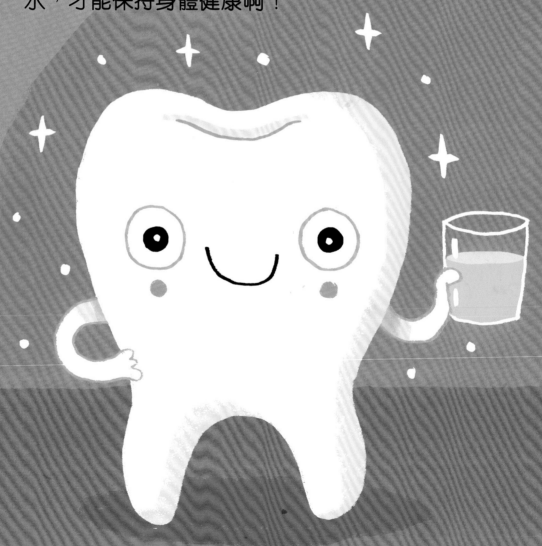

我可以怎樣做？

- 水是最佳的飲品，不過牛奶也不錯，而且牛奶對你的骨骼也有益。

- 飲用加了糖分的飲品對牙齒有害。如果你常常喝甜的飲料或汽水，會使你的牙齒變壞。即使是純果汁，多喝也對牙齒有害啊！

- 你最好只在進餐時才喝甜飲料，但也不要常常喝。

零食的誘惑

零食種類多不勝數，巧克力、糖果、雪糕、蛋糕、餅乾……你通通也愛吃吧？這些食物雖然美味可口，卻對我們的身體沒什麼益處。跟甜飲料一樣，零食也對我們的牙齒有害啊！

如果你在兩餐正餐之間感到肚子餓，最好選擇吃點蔬果。當然，偶爾吃點零食也無妨，但千萬別天天吃啊！

多做運動

你還記得骨骼、肌肉、心臟和肺部嗎？要保持這些身體部分健康，你就要多做運動。任何能使你動起來的活動，都算是一種運動。運動能使你的肌肉、心臟和肺部保持強壯，也使你活力充沛！

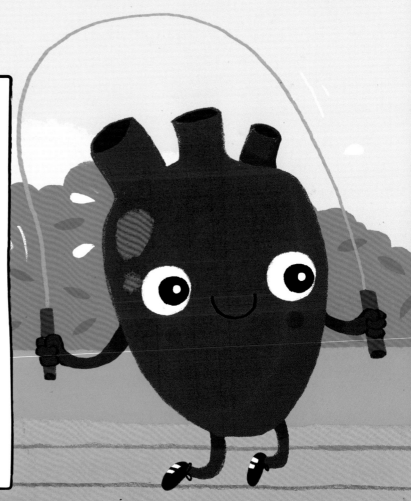

我可以怎樣做？

以下這些活動都是鍛煉身體的好方法。你最喜歡做什麼運動？

- 游泳
- 散步
- 踏單車
- 跑步
- 跳舞
- 打籃球

保持清潔

你喜歡洗澡嗎？還是覺得在泥地裏打滾更有趣？清潔身體有助我們預防疾病，我們每天最少要用肥皂清潔頭髮和身體一次。

洗澡後，便要用毛巾擦乾。別忘了腳趾之間的地方啊！你還要每天換上乾淨的內衣和襪子。

14

洗洗手

想一想，你是多麼常用你的雙手做不同的事情啊！保持雙手清潔是非常重要的。一些肉眼看不見的微小細菌會沾到手上，如果這些細菌進入了你的身體，就可能導致你生病。因此，上完廁所或進食前，記得要洗手。

我可以怎樣做？

現在就告訴你洗手的正確方法：

1. 先用水弄濕雙手，加入梘液，在手中搓起泡泡。
2. 別急着沖水！你要揉搓雙手最少20秒，大約就是把「生日快樂歌」唱兩遍的時間了。
3. 唱完歌後，把泡泡沖洗乾淨，然後用清潔的抹手紙擦乾雙手。

刷刷牙

你知道你的牙齒很重要嗎？牙齒幫助你咀嚼食物，還有助你說話！人的一生中只有兩副牙齒，那就是乳齒和恆齒。在你六歲左右，乳齒就會開始脫落；到你大約十二歲的時候，恆齒就會長出來。這副恆齒會陪伴你一生的呢！

如果你不好好照顧牙齒，它們就會出現小洞，即是牙齒被蛀蝕了！蛀牙可能會使你感到痛楚，但有時可能連你自己也察覺不到！牙齒被嚴重蛀蝕時，還會掉下來的呢！

我可以怎樣做？

- 每天早晚要用牙膏清潔牙齒。
- 確保清潔牙齒的每個部分，還有牙牀。
- 每次刷牙的時間大約是兩分鐘。
- 請大人每年帶你看兩次牙醫，檢查你的牙齒是否健康。

皮膚的功用

　　你的皮膚覆蓋着你整個身體，它的功用有很多。皮膚盛載着你身體的一切，例如：肌肉、器官等，還保護你免受細菌感染，也使你能感覺到不同的東西。保持皮膚健康的其中一個方法就是多喝水。

　　在陽光猛烈的日子裏，你還要戴帽子和塗防曬霜，別讓皮膚曬傷啊！

好好睡一覺

你知道兒童比大人需要更多睡眠嗎？因為兒童的身體在成長階段，要學習的東西比大人多，所以兒童的腦袋需要充足的休息，才能好好發揮功用。在晚上好好睡一覺，就能保持你的頭腦和身體健康。

我可以怎樣做？

如果你早上醒來仍然感到疲倦，那麼你每晚要早點睡覺。要是你覺得難以入睡，可試試以下的方法：

- 做一些運動，使身體感到疲累。
- 在睡覺前做些能令自己平靜下來的事情，例如洗澡或看書，嘗試放鬆自己。

生病了

　　人人也有生病的時候。咳嗽和感冒是常見的疾病。我們也會受到其他病菌感染，令身體感到不舒服或是比平時上更多次廁所。這些病菌都微小得難以用肉眼看見。

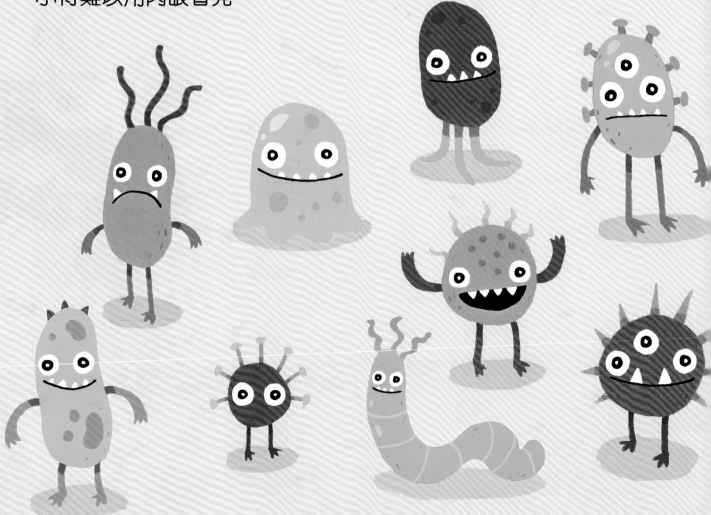

我可以怎樣做？

如果你生病了，就要：

- 在打噴嚏時，用紙巾掩住你的鼻子和嘴巴。
- 徹底清潔雙手。
- 有充足睡眠，因為你的身體需要休息！

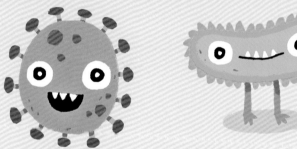

太好了！這本書介紹了很多方法，助你抵抗病菌，例如清潔雙手和好好睡覺。你的身體也擅長跟病菌戰鬥，你很快就會好起來了。

看醫生

當你身體不適時，就需要去看醫生。醫生會給你檢查身體，但是你不用擔心，他們只是想幫助你恢復健康。

醫生會給你一些藥，使你能快點康復。請記住，你只能吃大人給你的藥，不可隨便吃其他藥。這樣你很快就會好起來了！

伴你一生的身體

你的一生只有一個身體，而這個身體需要你來照顧！

你知道大腦跟身體是有關聯的嗎？保持積極和快樂，能助你維持身體健康。

　有時候，你可能會發現別人比你更擅長做某些事，例如你的朋友很會踢足球。

　但是我們最好不要跟別人作比較，我們應該要集中在自己能做到的事情上。當我們把注意力集中在自己身上，就能把事情做得更好，並且發現自己一天一天的在進步呢！

請好好記住

多喝水。

多吃不同種類的食物。

每天要刷牙兩次，每次兩分鐘。

好好睡一覺是很重要的。

上完廁所或進食前要洗手。

運動能使你的骨骼、肌肉、心臟和肺部強壯。

中英常用詞語

細菌 germ　　　　　難以用肉眼看得見的生物，會令人生病

心臟 heart　　　　　這個身體部分會把血液輸送到全身

肺部 lung　　　　　人體內有兩個肺，可以幫助你呼吸

藥物 medicine　　　藥水或是藥丸，有助你痊癒

肌肉 muscle　　　　身體的一部分，能使骨頭動起來

中英對照索引

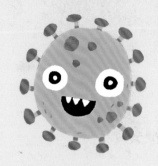

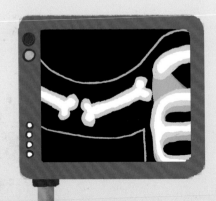